JN439817

첫눈이라는 아해

권애숙 시조집

시인동네 시인선 204

권애숙 시조집

첫눈이라는 아해

시인동네

시인의 말

시조는 내게 아득한 첫사랑이다. 전설이고 신화이다. 고맙다. 오래 접어두었던 날개를 털어내며 여기까지 나를 끌고 온 이름들을 불러본다.

날자,

사랑하는 나의 세상 먼 구석까지!

2023년 5월

권애숙

차례

제2부

제3부

제4부

제5부

제1부

상현달 히죽 웃고

다급하게 불러놓고 달려가면 딴청이다
엎어지고 부서지고 나만 늘 깨지는데
그 상처 내 사랑이야 히죽 웃는 저 얼굴

니 뭐꼬,
등짝 한번 세차게 후려치면

접혔던 구석들을 환하게 펼쳐놓고

아직은 본문의 시간
받아 적기 이른 시간

바람벽 엽서

이까짓 못 자국쯤 이만한 얼룩쯤
너를 받아 안는 길 꽃밭이고 우물인데
사람아
견딜 수 없는 건 혼자 가는 먼 길이다

언약도 걸어주고 한숨도 걸어주고
반송된 땀 냄새도 텁텁한 술 냄새도
걸어라
모두 기대어 함께 가자 한 세상

오늘은 저 바깥에 꽃잎들 물이 든다
눅진한 페이지는 햇살에 펼쳐놓고
못 자국
꽃길 만들자 환한 세상 바람벽에

상(床)

감나무 가지 아래 등 기대고 퍼진 여자, 축축한 행주로도 못 닦아낸 얼룩무늬, 감감한 두레반이다 이정표도 어디 없다

접고 폈던 팔다리 파스 몇 장 붙들고 솟구친 주먹 못도 허리가 굽었다, 이 한 상(床) 포장도 없이 싹지까지 웃는 여자

숱한 날 삼시세끼 엎드려 떠받들던, 한 세상 구석구석 꽃들은 피고 지고, 저녁놀 마지막 빛에 주름까지 물든 상(床)

붓꽃 피는 날

비
바람
밟고 간 뒤
담장 밑 구석진 곳
간밤을 기록하는 깃대 같은 붓 하나!
나 한참 두들겨 맞는다
깨어있는 지성이여

한 바닥 또 한 바닥
캄캄한 역사들은
푸르게 살아있는
붓끝에서
새겨지고
끝없는
이 먹물 향기
골목 밖을 향한다

어디를 둘러봐도

젖은 길 젖은 곳뿐

햇살 곧 내려 퍼져 환하게 들릴 발길

부록은

새 떼들이다

허공 가득 죄표다

가을 독서회

페이지 골골마다 밑줄 색 정결하다
완성이란 이름으로 뜨거운 프롤로그

등짐을
내려놓는 소리

온몸을 터는 소리

아랫목 윗목에도 이름 첩첩 쌓아놓고
들추어 불러보는 장장이 맛이 달라

구름도
독서토론회 사방 창공 훑는다

달하

휘어진 뼈를 뽑아
어떤 연정 부십니까

껍질로 훌훌 날아
적막강산 넘습니까

쇠백로
몸으로 짠 그물
바람 끌고 가는 밤

반역의 날들

그 동네 뒤편에는 연꽃들 지천이라
해마다 이맘때쯤 진동하는 신음 소리
꽃자리 나드는 거기
거기 누꼬, 누구냐

아무 말 하지 마라
이 만개 앞에서는
숩자리 더듬으며
후끈한 뒤편 후후 불 때

우짜노
반역의 날들
떠오르는 개구리밥

연서

날아온 불씨였나
품고 있던 불씨였나

활활 타는 마음에 연기도 자욱하다

한겨울
너에게 부치는
생애 마지막 뜨건 들불

컬렉트콜

먼 은하 행성인데
수신자 부담
받으시겠어요?

그럼요 받고말고요
시방 이 몸
빈털터리지만

주루루 쏟아지는 별빛
금방 부자 된 개망초밭

묵정밭

어, 어, 니, 오데 가노

맨땅에 배를 밀며

왁자한 웃음소리 덩굴손도 내이주며
이웃들 서로 기댄 채 오밀조밀 익는 소리

언지 왔노, 니 내 아나

인사는 늘 생뚱맞다
꽃 소쿠리 안고 이고

우짜노 이키 해꼽노

마카다 한 지번 통속
냉이 개망초 쑥 민들레

우중 산행

그 큰 산 산비탈을 하얗게 꿰고 있다 노각나무 흰 꽃들에
무슨 말 흘리겠노 질문도 어떤 속삭임도 끼리끼리 안 하나

덤불 속 산딸기들 점점이 붉은 얼굴 빗물도 묻지 않고 씻어
만 주지 않나 관계도 얽힌 사연도 걸어놓지 마시게

수수백년 수런수런 속 깊은 전설이네 어느 능선 넘었기에
비탈마다 신전인고 허공도 주르르 펼쳐 뒷이야기 받아쓰나

다음날

비 그친
마당 곳곳
둥글게
패인 구멍
그렁그렁
고여 있다
슬픔 같은
눈물 같은
만남은
준비를 했다
깊은 이별
이렇게

흘러가는 그림자

기울어진 버드나무 물소리에 젖고 있다
키가 큰 한 사람도 버들 곁에 젖고 있다
그림자
하나로 뭉쳐
아래쪽으로 흘러간다

기울어진 것들이 젖고 또 흐르는 것
서로에게 몸 기댄 채 물결 조금 일렁이며
담담히
경계도 없이
이름도 몸도 없이

기다림이 올 때

먼 쪽이 흔들린다

대숲이 눕는 소리

언덕도 귀를 연다

돌들도 문을 딴다

취한 듯 기웃거리다

돌아서는 그믐달

현문산방

이 작은 문(門) 하나로 우주를 낳고 있다

돌도 달도 물도 꽃도 저를 툴툴 털어내고

문고리 흔드는 바람아
가물한 건
문(門)이다

제2부

골목과 사내

골목 안 굽어드는 구부정 취한 사내 아득한 몸을 열어 딸꾹 소리 희미하다

친구란 그런 것이다 오밤중에도 삐걱거리는

내가 휘청 힘이 들 때 너도 따라 휘청 굽어 담벼락 모퉁이마다 손자국도 건네받고

아침은 이리 오는 것 이슬 촉촉 젖으며

첫눈이라는 아해(兒孩)

허공을 여는 소리 휘파람 느린 소리

숨소리 절반 접어 주머니에 넣어두고

첫눈은 이런 거라지 흩날리는 숨이라지

어디를 건너왔나 중력 없는 발바닥들

엉성한 눈발 속에 지번도 지워지고

엎드려 식은 기다림 안부인 듯 아닌 듯

첫눈에 '첫' 지우고 눈발에 '발' 지우고

남은 눈들 담장 너머 오락가락 녹는 기척

머물던 흔적도 없이 서성이다 사라진 너

첫발은 첫눈처럼 눈발은 첫발처럼

고요히 스며들어 설레는 이름 자리

언제든 열람할 수 있다 첫사랑이란 이름으로

그 언덕의 신화

언제부터 솟았는지 여긴 온통 날개들뿐
사이를 만들면서 풍력계 돌아간다
방향도 속도도 없는 가파른 산중턱쯤

돌아라 보채거라 천천히 또 빠르게
뽑아낸 구석구석 날개들 덜컹댄다
돌아라 돌아야 산다 이름마저 덜컹댄다

어디를 바라보나 누구를 불러대나
신화는 어둠 향해 날개를 펼치는 것
너와 나 어둑한 사이 따뜻하게 밝히는 것

바람길 견학

평생을 건 도강 붙들지 못한 걸음

제 살점 뜯어내며 부들이 흩어진다

순례는 렌즈 밖에서 지도채을 덮는다

너와 나 길만 찾다 지도를 덮는다면

바람길 여러 갈래 뒤편마저 덮는다면

어떻게 알 수 있겠나 너도 나도 누구인지

왜, 라는 걸음마다 생겨나는 눈코입귀

바라만 보지 말자 엎드려 울지 말자

뜨거운 마지막 페이지 정결하게 찍는 낙관

각, 새봄

우물가 앉은 새벽
끝물 겨울 갈아낸다

마당귀 넓게 열며
서걱대는 저 소리

조각도 푸른 날 끝에
챙, 걸리는 새벽달

얼음길 녹는 무늬
자국도 각이 흘러

어디를 딛고 왔나
꽃물 풀물 묻은 몸

새 풍경 갈아 끼우자
살내 나는 한세상

발자국 캄캄해도
여기엔 너 저기엔 나

오는 봄은 뜨겁다
새겨 넣는 새 무늬

푸릇한 여백 안으로
들어앉는 봄바람

저무는 것들

수평선 다 끌어다 한 폭에 펼쳐 넣고, 당신은 타는 노을 날개를 펼쳐준다 까무룩 사그라지는 발바닥도 점점이

어디로 흘러가든 머물 곳 이미 없다 제 안의 붉은 정들 속속들이 풀어놓고, 잠깐만 뒤돌아보는 노을이나 당신이나

저물어야 환해지고 어두워야 나를 보지 내일에 뜨는 해는 새 화폭에 담아야지 젖은 붓 씻어 걸어두고 전설처럼 웃는 당신

아름다운 불시착

보이나 저기 누구
들리나 무슨 소리

우리 걸음 붙들린 채 바짓가랑이 다 젖는다
거미줄 얽힌 묵정밭 들쥐들도 오라가락

개망초 쑥부쟁이
끈질긴 이 땅에서
닮은 듯 서로 다른 이름과 향기 사이
역할은 덤이라잖아 주인공으로 배경으로

가는 꽃 오는 꽃 속
벌레들 품고 있다
이쪽이나 저쪽이나 은근하게 품은 단내
엎드려 들여다보면 없는 것들 없는 세상

추락하는 절정

온몸으로 파냈잖아

살내 물씬 풍기잖아

낮 매미 성긴 울음

봉창마저 열었잖아

산나리

저 아뜩한 구멍

후끈 다는 오후 세 시

물길 여럿 열어놓고

비 온 뒤 산책길 물길 여럿 열어놓고, 보는 곳 가는 곳 출렁임도 다 달라, 구월산 골짜기마다 피는 꽃도 다르겠다

마음은 골을 따라 동쪽으로 서쪽으로 때로 벼랑 부딪쳐도 소용돌이 맴돌아도, 한세상 흐르는 길이 바닥에 닿는 일이겠다

커튼콜

어디를 떠돌다가 들러붙은 혼령이냐

참나무 가지가지 효수되어 걸렸구나

겨울 산 저리 시퍼렇게 산발을 흔드는 너

난(蘭)이라 부르다가 충(虫)이라 부르다가

가던 길 머뭇대며 구름 한층 깊은데

물소리 저 혼자 클클 얼음장을 녹인다

덧없는 목숨들이 모여 맞는 저물녘

먼 절집 풍경 소리 어둠 몰아 번지는데

내 한철 꺾인 모가지 어디에다 걸어두나

고요히 흔들리는 겨우살이 뒤편으로

달달한 조명이다 봄소식 오고 있다

언 숲들 녹아내린다 안개 커튼 올라간다

풀무치 젖은 시간

밤새운 저 울음이 새벽을 열고 만다
그래 너도 젖었구나 속내까지 물컹하다
혼자서 열어온 먼 길 모퉁이가 닳았다

꺾어진 구석에서 어둑한 뒷전에서
긁어야 열릴 거라 아는 말도 다시 쓰고
골목을 훑고 가는 바람 어제하곤 다른 소리

남천에서 남친이 수근수근

사진을 찍어주며 사랑에 빠지기를, 너도 함께 물들자 속삭이며 들이대며, 잔잔히 두근거리는 남천 곁에 남친이

잎잎이 익어가는 옆구리 긁적이며, 우리도 자주 멈춰 붉은 물 들어볼까 고요히 서 있는 것들 이름 빈적 만들 때

바다를 끌어안은 곳곳이 아늑해라, 해풍에 익은 평생 지층에 쌓아놓고 허공을 열어젖힌 채 남친이란 이런 곳

청련암 가는 길

등 굽은 비탈길에 어느 때는 폭설이
또 한철 열꽃 같은 황사바람 쓸고 간 자리
이제야 돌아온 기척 햇빛 풀려 굿판이네

등 넝쿨 나무를 얽어 나무 또한 넝쿨에 엉켜
두 넋이 한 넋으로 어우러진 노랫말은
한풀이 장단을 엎어 물소리도 깊었네

때 묻은 마음 빌어 돌을 모아 탑을 쌓다
키 맞춰 어우러진 작은 돌 큰 돌 사이
한 생애 이마 조아리며 우리 또한 돌이라네

하현

담 너머 앵두꽃잎
수북하게 흩어놓고

골목을 돌아나가는
저 길고 기인 꼬리

누구냐
내 안 설렁줄
흔들어 놓고 가는 이는

제2막

풀잎도 말씀이다 쥐구멍도 말씀이다
굴뚝도 담벼락도 기침 같은 말씀이다
서문도 발문도 없는 미어지는 한 권이다

밑줄도 걷어내고 괄호도 열어주며
주석은 무슨 주석 그대로 옛날 옛집
바람도 흔들리는 잠 내려놓고 쉬는 곳

말씀은 무성해져 오가는 발이 묶고
강 건너 산 너머에서 달려오는 발소리들
여기다, 우리 제2막 무대 펼쳐 띌 곳은

제3부

탄생 설화

바람 부는 능선이다 낙엽 한 장 들고 본다 그림자도 일렁인다 뼛속 환한 이 불빛
혼자서 만든 길들은 주름조차 환하구나

떨어진 잎 속이다 길도 이리 투명하다 저물녘 내 안의 방에 돋우자 심지 꽂꽂
마음이 마음 밖에서 마음을 들여다보는

선달그믐

녹슨 몸 쿨럭쿨럭 마지막 장 넘어간다 이 신발 거꾸로 신자 녹물 번진 댓글들
후회는 늘 마지막에 발목들을 잡는다

무슨 말 그리 많노 경계는 희망이다 서문을 쓰고 있는 어둠이 시작이라
솟구쳐 물을 들이자 다음 해는 당신 것

문득, 통화

저 앞산 초록이
너무 짙지 않나요?

저 뒷강 옆구리가
너무 깊지 않나요?

실없이

여, 여보세요,

제 말 듣고 있나요?

씨앗이

왜 젖느냐 왜 슬프냐 왜 아프고 울먹거리느냐 나만 보면 다 그치는 바람아 너 소년아 내 안쪽 숱한 꽃 그림자 그 방방을 보았느냐

이 꽃밭

수신함 봉투를 열자
말들 톡, 톡,
피어나네
사랑해!
어질어질
향기에 취해 들썩대니
아 샥시, 뭔 일이래요
옆자리 노인도 오물오물

옆자리의 뒷자리
사내도 쿡쿡 터뜨리고
칭얼대던 젖먹이도
발그레 피어나
이 꽃밭
씨앗 듬뿍 받아
먼 그대에게 발신하네

향리에서

장지문 빗장에 걸린
달빛을 동무하여

타관 바람 한 자락
밤새도록 살을 푼다

오지랖
넓은 오지랖
쓰러져도 일어서는

주발 놋녹 닦던 손길
어디로 떠나가고

낫 자국 시퍼런
청솔가지 불붙이던

종갓집
매운 손때도

연기처럼 사라지고

떠돌이 찌든 머리칼
한켠으로 쓸어본다

손금에 옮겨 묻은
세월 그 깊은 강물

갈대숲
황량한 달빛
강물 질러 오는구나

도반

우리도
저렇겠다
절벽 끝에 소나무
반절은
허공 잡고
반절은 너를 잡고
닿을 곳
어딘지 몰라
놓는 길 더 뜨겁다

이실, 은행나무 225호

당신이 날려 보낸 새들이 돌아왔어

떨어진 날갯죽지 바닥을 물들일 때

천년은 하룻밤인 듯 하룻밤이 천년인 듯

뜨시게 군불 넣고 봉창마다 물들이고

돌아온 사연마다 나직하게 푸는 노래

천상은 다시 또 천년 우리 사랑 약속하네

고희의 발바닥

비스듬 방향 없이 안과 밖 펼쳐놓고 금이 간 자리마다 뿌리 내리기 좋은 곳 부르튼 당신 전부를 풀어놓으면 입주 끝

솥단지 걸어놓고 한 끼 밥에 배가 불러 먼 데서 달려오는 누구든 환영이다 살수록 넓어진 터로 다시 분양 또 분양

당신의 또 당신의 발바닥은 지도 되고 골골을 다 훑고 온 통증은 역사 되어 페이지 구석구석을 채우고 또 채운다

유민의 노을

저무는 발길 따라 물소리도 잠기는데
서둘러 짐 부리고 마음마저 다 비우고
한 자락 구름에 실려 새소리나 따를까

떠나고 없는 자리 또 다른 세상 있어
무심히 산문 밖에 귀동냥 나섰더니
때때옷 눈부신 날이 하늘 밖에 떠 있네

천만년 어디쯤에 까치놀이 떴다 지고
그림자 비릿한 꿈 아득하게 깨어나서
끝끝내 잠들지 못한 우리 넋을 쓰다듬네

이승의 마지막은 단 한 벌 베옷이다
쌓이는 어둠 열고 깊은 잠 흔드소서
유민의 노을이 떴다 신화 탄생 하겠다

그리운 다락방

계단 층층 올려놓고

접었다 다시 폈다

구석도 뭉개지고

천장도 내려앉아

엎드려 깊게 뒹굴어도

울음 새지 않는 곳

때 묻은 나를 꺼내

닦으며 펼쳐 보며

구겨진 고서처럼

묵은 피 갈피갈피

가끔은 나 아니라고

우겨 봐도 되는 곳

고산 일기

질긴 개풀도 모래알도 물결 끝에
쓸쓸한 기다림 얹어 반짝이는 지병인가
기우는 놀빛 덧없어라
물결 끝에 짐작건데

물결에도 놀빛에도 아직은 띄우지 못한
구구절절 피로 엮은 두루마리 상소문을
낙서제 지창 바람이 챙겨
물결 되고 놀빛 되고

어부사 뒤적이다 산중신곡 다시 읊다
지워서 좋을 아픔만 묵향으로 피는구나
물 건너 아득한 기별
구름 되어 떠오르고

잠시 머물다 간 적소 앞 물새 울음 그 뒤를 밟고 가는 갈댓잎 치는 소리 내 다진 아픈 자국은 무슨 소리로 깨어날까

밤에 우는 비둘기

참 깊은 그리움일세

헐렁한 밤 기워대는

떨어진 실밥 사이

병든 나 꿰어볼까

한 폭에 다 못 새겨 넣는

누락누락 잎이 진다

어르신 계절

까무룩

저물고 있는

처연한

저 몸 한 채

꽁꽁 언

허공 길을

맨발로

밟고 서서

저리도

머뭇거린다

못 떨어낸

한세상

후기

어떤 세상 문 밖에선 발들 자꾸 생겨나요
버블버블 거품같이 부풀어도 탈이 없죠
그늘은 말아서 두고
구석들은 구겨 두고

등짐 지고 나선 길이 아득해요 감감해요
가다가 주저앉아 한 소리 풀어내며
어디든 벙글벙글로 말갛게도 닦으며

여기 봐요 물 흘러간 길마다 자리마다
우묵한 웃음소리 사방이 생겨나요
오늘은 팔다리 뻗고
발자국도 꾸벅꾸벅

제4부

막간

아랫방 위에
윗방 곁에
옆방 뒤에
꽃방방

붕붕대는 정담 사이 장침도 달달해요

막간은 힘이 세지요
구혈 깊이 달래지요

돌아온 아득

문득 들이닥쳤다
흑백사진에 갇힌 너

가득 써놓은 이름들
모래밭에 펼쳐놓고

아득은
웃고 있었다
이름 꽃들 들고서

그러니, 봄

꽃이 핀다
혁명이다

등이 휜 바람들아

꽃이 진다
혁명이다

날개 접는 새 떼들아

혁명은
스프링처럼

튀었다가 제자리

고요한 기침

뚝 떼어낸 허리 한쪽 세상에 던져주고 우묵한 허공으로 더딘 걸음 얹으셨다 우리가 버리고 떠난 그 언덕길 비탈에

그저 그냥 그렇게 한세월 산 게 아냐 벌레들에 살 내어주고 흰 뼈로 그물 엮어 고사목 건져 올리는 바람 소리 새소리

더러는 부러지고 더러는 흩어져도 남은 것 눈부시다 비탈이 다시 선다 어르신 고요한 기침 깨어나는 산동네

동지 지날 때

바람벽에 기대어 가르랑거리는 전도 한 장
온천은 여기 절집은 저기 둥근 팻말 붙여놓고
온몸에 주름 길 새긴 고도 낮은 어머니

산맥인 듯 강물인 듯 구부러진 길을 따라
아버지 밟고 간 길 우리 남매 또 밟는다
동굴 속 아득한 저쪽 희미해진 기적 소리

철새 떼 빈 들 건너 사방팔방 흩어질 때
어머니 들녘에는 바람 소리 가득하다
서북북 걸친 구름대 쿨룩거리는 만장이여

광이다

세월에 베어 먹힌 밀떡 같은 할매들
활짝 핀 저승꽃들 고명으로 올려놓고
화투패
돗자리 그득
돌리시다 던지시다

그늘은 담장 밑에 평수를 늘여가고
기웃대던 비둘기들 날개 털고 떠나는데
광이다,
그늘 속으로
던져 넣는 노랫가락

아가미가 생기는 곳

어디에 몽돌밭이 이만한 곳 있을까 닳은 몸 닳은 손금 둥글게 금도 간 채 해풍도 자갈갈갈갈 아지매들 웃음소리

에헤이 오라카이 아이구 보라카이 마 그냥 사라카이 들었다 놓았다가 사람들 들썩거리며 아가미가 생기는 곳

보따리 숨구멍들 질끈 묶어 안고 들고 오늘이 저물어도 걱정 없다 안 카나 자갈치 아지매들은 달도 별도 된다카이

영산홍 편

그해 여름 냇가에서
서툴게 저를 씻던
그 여자 발바닥 문
비릿한 피라미 떼

뒤집힌
돌 더미 사이
맴 을 돌 던 꼬 리 들

한 사람 발치에서
붉게도 피었다가
빗물 눈물 홍건하게
젖은 속 풀어헤친

저 많은
붉은 뒤편
떨 어 낸 다 바 람 아

계절 엽서

아득히 스쳐간
그대 못내
소식 없고

터져도 또 터지는 속우 이미 파산인데

소슬한
허공 집 한 채
묶고 가라 바람아

어둑한 전설

갈퀴손 부여잡고 길을 미는 노부부
가도 가도 이만큼 그림자만 길어진다
담 너머 고개 내밀고 홍매화는 터지는데

봄바람 어깨 툭, 치고 사라지는 발소리
가물가물 길이었나 어둑어둑 꿈이었나
그 자리 주저앉은 채 깜빡 시든 봄나들이

어깨 허문 언덕길에 바람도 모여 앉고
급할 것도 늦을 것도 길 위에선 없겠다고
때까치 날아간 자리 또 다른 새 와 앉는다

톡, 톡,

부끄럽다
수중에
열매 한 채 단 것 없이
너에게 가는 먼 길
이리 텅텅 다 빈 몸
하늘길 능선 저 너머
구름 꽃만 무성하다

언지예
무신 말씀
그림자도 와따라예
나 시방 달리 갈낑께
거기 단디 기다리이소
실무시 문 끼라노코
방방 절절 데파노코

다대포 무대

치마끈 풀었어예 속마음도 풀었어예 그리움 고인 자리 산목숨 불러들여 소금 못 박힌 몸 활짝, 뻘이 되는 여자들

달릴까 노래할까 발목이 접질리면 엎드려 뜨신 눈물 흘려도 괜찮아예 캐내고 뒤집어엎어도 잦지 않는 물웅덩이

이제는 그만 파내요 엄마예 이모들예 더 이상 답이 아닌 웅덩인 이제 그만 다대포 이 큰 앞치마 벗어놓고 철썩이예

수습기간

두문불출 칩거 끝에
뒷산이 들썩인다

화장기 없는 얼굴
진달래 입술 물들이고

저 여자
외출하나 봐
주름 속이 빛난다

푸른 침묵

작정했다 겨울 이끼

몸을 자꾸 늘려간다

적막도 자라게 되면

못 말리는 입이 되어

바위산 다 삼키고도

그물눈이 촘촘하다

그러자고요

떠나요 어디로든 꿈을 몰고 떠나가요 바람은 철로 밖을 늘였다가 줄였다가 꽃향기 그득한 곳에 빠지기도 하자고요

어디쯤 터를 잡고 이름 털고 살아볼까 소금길 작은 길로 짠바람 불어댈 때 아직은 멈출 수 없어 신발 벗어 털고 가요

있어요 가다 보면 발길이 멈추는 곳 주머니 이정표를 그곳에 내려놔요 길길이 굽은 길 너머 달도 별도 띄워 봐요

지상의 모든 쓸쓸

세상의 비탈들이 서로 기대 각을 연다 쓸쓸하게 쓰라리게 어디를 들추어도 양지녘 음지녘 모두 발바닥이 인감이다

사랑은 이별처럼 이별은 사랑처럼 지상의 모든 쓸쓸 위로 쏟아지는 꽃사태 숨소리 발소리 없이 벽화까지 단호하다

제5부

성소

한 번은
저를 몰아
아늑이 되는 자리

배롱나무 붉은 손들
기도 소리 만발이다

그 언덕
둥근 방점들
풍화되는 비문들

명작이다

천년을 산 노거수가 이 동네 주필이네

널린 풀 들린 꽃들 꺾이며 시들할 때

살리고 살아나는 것들 행간마다 깊었다

보고 듣는 바람아 수수만년 흐른다는

저 강물에 발 디밀고 종일을 첨벙대도

물길이 치고 간 물살 맑은 자리 금방이라

저들이 다 썼다 온몸으로 다 썼다

꽁꽁 언 뒤편까지 언 몸으로 썼겠다

마감일 원고 청탁은 애초부터 없었을 듯

니 이름이 뭐꼬

어디를 지나왔노?
뒷등까지 잘 익었네

입술도
순도 높게
전후좌우
눈매마저

오므린
발가락까지
외로웠던 결말이냐

몰라도 되는 사설

어떻게 알고 왔노 후미진 변방까지 내 이름은 '쓰'라고, '써'라고 불러도 돼 쓰디쓴 세상 이야기 쓰고 써라, 노래하지

피는 것도 지는 것도 만만한 게 아니다 사방이 자주 멈춰 길목마다 멍할 때 익은 손 식혀주면서 먼 곳 함께 바라보자

별빛들 먹먹해도 쏟을 구석 수북하다 문득 펼쳐 노래하면 달달한 맛도 날 거야 괜찮다 우리 이쯤에서 새살림을 차려도

응달에서 부른다

그늘을 들이대면 더 큰 그늘 내어놓고

햇살을 들이대면 더 진한 그늘 펼쳐놓던

응달은
씨앗들 터뜨려
수수백년 바빴다지

서문은 천둥으로 후기는 번갯불로

음지식물 우리끼리 작은 들창 흔들었지

들리나
중심은 여기

숨이 절반
꿈이 절반

복간되다

옛날에 아주 옛날에 안개비 내리던 날

한 소녀 몸을 떨며 강물을 건너갈 때 길길이 둥근 무늬들 물뱀들이 휘감았대 뒤틀린 발가락들 물리고 뜯기다가 수많은 뿌리내려 물풀로 흔들렸대 기울어 등이 굽은 채 수수만년 피고 졌대 바닥인 듯 천상인 듯 복간된 습지식물 들여다보고 눈 맞춰도 너이거나 나인 듯

거 누꼬, 밑줄을 치며 필사까지 하는 당신

마임

느닷없이 들이닥쳐 무대를 파하라면 보이는 것 들리는 것
눈 감고 귀 막을까 어떻게 막힌 숨 위로 엔딩이라 점을 찍나

그 병동 중환자실 이유도 모른 채 꺾인 자리 진물 흘러 흐느
낌이 낮고 길다 아직은 다 못 풀어낸 절정무대 어찌할까

별책부록

빈병이다
깡통이다

풀꽃을 꽂은 가슴

둥둥 띄운 노래마저 세상에 없는 온도

소나기 받아낸 맨발
물꼬 따라 가시었나

무너진 담 사이사이 날갯죽지 펼쳐 넣고

어느 땐 따뜻하게
어느 날엔 차가웁게

도무지 가늠 안 되는
당신이란 갈피들

캘리그라피

경계선 그어 봐도
일필휘지 한 몸일세

꽃숭어리 아래로
감감하게 내린 뿌리

향기는
색 너머까지
벌 나비
너머까지

사랑의 상처랬나 이별의 은유랬나
잎잎이 흩날리는 뒤편까지 상징인가
꽃이란 글자 속에서 늘 헤매는 너와 나

호수가 있는 밤

부엉 소리 부엉산에 어둠으로 번질 때 부은 발 풀어놓고 지친 하루 퍼진다 여울목 낮은 물소리 목을 넣는 왜가리

건너편 희미한 집 창문이 붉어지고 물살을 흔들어대던 잉어들도 잠잠하다 이제는 내면의 시간 흐르듯이 잠긴 듯이

취하다

니 안의
동굴에서
얼마나 묵었더노

말랑하게
은근하게
소리 없이
익은 시간

뚜껑을 열지 않아도 아느아느 취한다야

어제 지나 오늘 곁에 어둑 지나 활짝 곁에 수런대는 꽃물 소리 둑을 넘어 번지네 참말로 환영한데이 구석까지 익은 봄

흐르는 이름

골짜기
바위 길을
한평생
돌아오신

당신에겐
끝이 없어요
재생되고
복간되는

젖은 몸 다 기울여서 따라주신 나란 이름

해설

경계 앞에 선 자화상

이송희(시인)

1. 당신의 아득한 '첫'

시조는 "아득한 첫사랑"이며, "전설이고 신화"다. 이 명제에는 권애숙 시인이 1994년 시조로 데뷔한 이후 그 긴 공백기를 성찰한 남다른 시조 사랑이 담겨 있다. 권애숙은《부산일보》 신춘문예 시조 당선 이후 1995년《현대시》에 시가 당선되어 활동하면서 삶을 견디는 다양한 방식들을 성찰해 왔다. 글쓰기를 통해 자아와 세계를 탐색하고 자연 사물의 표정을 읽어내면서 부지런히 자신의 언어 세계를 구축해 온 권애숙 시인에게 '첫'이라는 수식이 붙는 시조집은 "사랑하는 나의 세상 먼 구석까지" 닿아 있는 생의 근원이며 기억의 뿌리다. "오래 접어두웠던 날개를 털어내며 여기까지" 그를 "끌고 온 이름들을" 부르게 한 동력은 몸속 어딘가에 남아 있는 "그 상처"가 여전히 "내 사랑"임을 지각하는 데서 비롯된다. "접혔던 구석들을 환하게 펼쳐놓고"(「상현달 히죽 웃고」), 아직도 "받아 적기 이른 시간"이라고 자책하는 그의 겸손이 권애숙 시인의 '길'에 대한 사유의 폭을 더 넓혔는지도 모른다.

권애숙 시에 등장하는 대부분의 주체들이 한결같이 삶의 막다른 길에 있거나 이정표 하나 없이 방황하고 있는 까닭도 시인의 '길'에 대한 천착과 실존의 고민에서 시작된 것이리라. 저무는 길목에서 방황하는 존재들이 고뇌하며, 자아를 찾아가는 현장에서 시인은 일정한 간격을 유지하며 동행한다. 권애숙 시인은 삶의 소중함을 환기하기 위해 저물어 가는 이미지를 자주 이야기한다. 여전히 '그 상처'가 '내 사랑'이라고 말하는 것도 그것이야말로 찰나의 삶에서 숙명처럼 품어야 할 분신이며 자양분이라는 걸 알기 때문이다. 시인은 세상으로부터 고립되고 소외된 주체들이 어떤 방식으로 고단함을 견뎌내는지를 응시한다. 우리의 존재 의미와 실존의 물음을 품고 드러나지 않는 슬픔을 읽어내는 예리한 감각이 서정적으로 발화되는 지점에서 권애숙의 언어는 빛난다. "사랑하는 나의 세상 먼 구석"은 아직도 아프고 쓰라리다. 시인은 수많은 경계 앞에 선 주체들을 응시하며 몇 개의 이정표 앞에서 머뭇거릴 수밖에 없는 그들의 슬픈 눈과 마주한다. 그의 시에 이정표가 자주 등장하는 이유는 이정표가 전부가 아니라는 것을 알려주기 위한 의도로 보인다. 이정표만 보고 가다 보면, 지금 이 순간의 소중한 것들을 지나칠 수 있다. 길은 지나온 삶의 모든 흔적을 담고 있기에 우리는 그 길에서 깨닫고 배우고 느낀다. 누군가 걸어온 길을 걸어가며, 매 순간 선택해야 하는 이정표 앞에서 존재의 근원을 곱씹는 주체들이 보인다.

2. 잠시 다녀가는 것들

허공을 여는 소리 휘파람 느린 소리

숨소리 절반 접어 주머니에 넣어두고

첫눈은 이런 거라지 흩날리는 숨이라지

어디를 건너왔나 중력 없는 발바닥들

엉성한 눈발 속에 지번도 지워지고

엎드려 식은 기다림 안부인 듯 아닌 듯

첫눈에 '첫' 지우고 눈발에 '발' 지우고

남은 눈들 담장 너머 오락가락 녹는 기척

머물던 흔적도 없이 서성이다 사라진 너

첫발은 첫눈처럼 눈발은 첫발처럼

고요히 스며들어 설레는 이름 자리

언제든 열람할 수 있다 첫사랑이란 이름으로

—「첫눈이라는 아해(兒孩)」 전문

첫눈과 첫사랑처럼 잠깐 왔다가 가버렸기에 더 애틋한 존재가 있다. 기척도 없고 흔적도 없이 고요히 스며들어 설레기만 한 우리들의 '첫'. 아해(兒孩)는 미숙한 존재다. 모든 첫은 이처럼 어설프고 서툴고 두렵다. 그래서 더없이 소중하다. 처음이라는 것 자체가 사람에게 큰 각인 혹은 인상을 남기는 것이지만 트라우마가 되기도 한다. 처음 시도하고 도전하는 것은 앞으로의 자기 삶의 이정표를 만드는 중요한 역할을 하기 때문이다. 삶의 이정표를 가름 잡아 주는 길잡이 역할이라는 점에서 '첫'은 중요하다. '첫'과 '아해'의 결합은 그 순수성을 공

통분모로 품는다. 처음 겪는 것들은 어딘가 미숙하고 서툴러서 실수나 과오를 저지르는 일이 많아 오래 지속하기가 쉽지 않다.

반면, 설렘과 기대를 품은 '첫'은 서툴지만 좋은 기억으로 각인될 수 있다. "머물던 흔적도 없이 서성이다 사라진 너"는 기억 속으로 "고요히 스며"들지만 "첫사랑이란 이름으로", "언제든 열람할 수 있다". 모든 존재에게 지금 이 순간이야말로 결코 잊힐 수 없는 생의 '첫' 경험이다. 매 순간 처음이기에 우리는 두렵고 낯설지만 오히려 그 정서로 인해 설렐 수도 있는 것이다. '첫눈이라는 아해'는 그런 점에서 권애숙 시가 출발하는 지점이기도 하다.

평생을 건 도강 붙들지 못한 걸음

제 살점 뜯어내며 부들이 흩어진다

순례는 렌즈 밖에서 지도책을 덮는다

너와 나 길만 찾다 지도를 덮는다면

바람길 여러 갈래 뒤편마저 덮는다면

어떻게 알 수 있겠나 너도 나도 누구인지

왜, 라는 걸음마다 생겨나는 눈코입귀

바라만 보지 말자 엎드려 울지 말자

뜨거운 마지막 페이지 정결하게 찍는 낙관

—「바람길 견학」 전문

주체는 바람길을 견학하는 길에서 과감하게 지도책을 덮어 버린다. 지도책을 덮었다는 것은 삶의 길과 방향, 목적 등을 잃어버렸다는 것일까? 아니면 찾고자 하는 목적지가 지도책에는 없어 덮은 것일까? 순례는 성인(聖人)이나 종교 지도자들이 겪은 고난의 길을 다시 돌이켜 걸으며, '삶의 시련과 역경'이 주는 의미를 되새기는 의식이다. 영적 스승의 고단한 삶을 밟아가면서 깨달음을 발견하는 오디세이(Odyssey)다. 장기간의 여정이자 방랑인데, 안내자도 인솔자도 없이 스스로 찾아야 하는 길이다.

그 누구의 삶도 자신과 똑같을 수 없기에 남들이 밟아간 길을 똑같이 따라갈 수 없으므로 지도책을 덮은 것으로 보인다. 그래서 방황을 하는 것인데, "왜, 라는 걸음마다" 눈코입귀가 생겨난다. 알 수 없는 풍경과 냄새, 소리와 맛들이 펼쳐진다.

"바라만 보지 말자 엎드려 울지 말자"는 다짐으로 주체는 "뜨거운 마지막 페이지"에 정결하게 낙관을 찍는다. 삶을 아름답고 완벽하게 스스로 잘 살아왔다는 확신의 낙관이 아닐까. 만추(晩秋)에는 여름처럼 뜨거워지는 짧은 순간이 있다. 해가 지기 전 석양이 눈부시듯이 사람도 죽기 전 의식이 선명하게 돌아오는 순간이 있다고 한다. 주체의 바람길 견학은 이정표도 지도책도 필요 없는 아름다운 순간에 대한 자기성찰의 한 과정이다.

보이나 저기 누구
들리나 무슨 소리

우리 걸음 붙들린 채 바짓가랑이 다 젖는다
거미줄 얽힌 묵정밭 들쥐들도 오락가락

개망초 쑥부쟁이
끈질긴 이 땅에서
닮은 듯 서로 다른 이름과 향기 사이
역할은 덤이라잖아 주인공으로 배경으로

가는 꽃 오는 꽃 속
벌레들 품고 있다

이쪽이나 저쪽이나 은근하게 품은 단내

엎드려 들여다보면 없는 것들 없는 세상

—「아름다운 불시착」 전문

자신의 의도와 상관없이 갑작스레 예정되지 않은 장소에 도착하거나 떨어지는 것을 불시착(不時着)이라 한다. 오랫동안 방치한 밭에는 거미줄도 얽히고 들쥐들도 오락가락한다. 없는 것들이 없는 세상은 모든 것들이 펼쳐진 세상이다. 이렇듯이 땅 위에 다양한 생명체들이 왔다 간다. 사람들이 굳이 가꾸지 않아도 뭇 생명들이 의도하지 않게 왔다가 다녀가는 것을 아름다운 불시착으로 표현한다. 사람이 일부러 가꾼 것도 아닌데 개망초와 쑥부쟁이가 아름다운 향기를 품었다. 세상에 함부로 대해야 하는 생명도 없고 이유 없이 존재하는 생명도 없다. 우리는 모두 이 생에 '아름다운 불시착'을 한 소중한 존재들이다. "이웃들 서로 기댄 채 오밀조밀 익는 소리"(「묵정밭」)에 귀를 기울여야 할 때다.

3. 우리가 열고 나온 문(門)

기울어진 버드나무 물소리에 젖고 있다

키가 큰 한 사람도 버들 곁에 젖고 있다

그림자
하나로 뭉쳐
아래쪽으로 흘러간다

기울어진 것들이 젖고 또 흐르는 것
서로에게 몸 기댄 채 물결 조금 일렁이며
담담히
경계도 없이
이름도 몸도 없이

—「흘러가는 그림자」 전문

그림자는 볕이 잘 들 때 생긴다. 그래서 그림자는 가장 그늘지고 감추고 싶고, 본능에 충실한 영역에 머문다. 정신분석학에서 그림자는 무의식의 세계에 '억압된(억눌린) 본능과 욕망'으로 본다. 나의 본능과 욕망이 있는데 그것이 집단사회에서 온전하게 충족할 수 없는 상황이 되었을 때, 무의식(어둠 혹은 깊은 심연) 속에 숨겨 놓았다가, 조건이 갖춰지면 언제라도 드러날 수 있는 것이 '어두운 그림자(暗影)'다. 그림자는 서로 잘 뭉치고 겹치는 특성이 있고, 늘 낮은 곳에 임한다. 빛이 옆에서 대상을 비출 때 그림자는 옆으로 기울어져 있다.

인용 시에는 "기울어진 버드나무" 그림자와 버들 곁에 "키가 큰 한 사람"의 그림자가 나란히 물에 젖고 있는 풍경을 담고 있다. 실재하는 대상이 서로 가까이 있으면 그림자는 경계도 이름도 몸도 없이 하나로 뭉친다. 주체는 "물결 조금 일렁이"는 것을 보며 마치 그림자가 흘러가는 것이라고 인식한다. 모든 존재는 개별적이면서 개별적이지 않다. 자아가 있을 때는 개별적인데, 그림자는 자기를 버렸을 때 아무 이유도, 조건도 없이 하나가 된다. 마치 버드나무와 키 큰 한 남자는 하나로 뭉쳐서 흘러가는 것처럼 보인다. 왜냐하면 그림자는 순간 만들어지고 사라지는 것으로 보이기 때문에 물은 계속 그림자를 가지고 가는 것처럼 인식될 수밖에 없다. 개별적 자아가 자연으로 스며드는 모습을 표현한 시다.

'공즉시색(空卽是色) 색즉시공(色卽是空)'은, 모든 형태 있는 사물은 공허한 것이며, 공허한 것 또한 형태 있는 사물과 다르지 않다는 말이다. 불교적 입장에서는 존재 자체도 그림자에 불과하다. 육신에 '나'라는 의식이 깃들 뿐 '개체아(個體我)'가 있다는 의식은 환영(幻影)으로 본다. 그림자는 아상(我相)에 얽매이지 않아 매 순간 모습을 달리할 수 있다. 버드나무 옆에 키 큰 한 남자는 뚜렷한 실체이지만 그림자는 결국 흘러가는 것이다. 그림자를 보고 하나의 우주적 존재의 개별성과 전체성을 이야기한 듯하다. 언뜻 단순하게 풍경을 묘사한 듯하지만 하나의 개체가 스며들고 흘러가는 과정 속에 삶의 의미를 담아낸 아름다운 시다.

이 작은 문(門) 하나로 우주를 낳고 있다

돌도 달도 물도 꽃도 저를 툴툴 털어내고

문고리 흔드는 바람아
가물한 건
문(門)이다

—「현문산방」 전문

'현문(玄門)'은 『도덕경』에 나오는 말로 거뭇거뭇한 골짜기〔谷神〕, 거뭇거뭇한 암컷〔玄牝〕으로 만물이 태어나는 근원적인 뿌리를 말한다. 현문은 자궁과 같은 역할을 하므로 만물을 잉태하고 자라게 하는 여성성에 대한 가치를 높여주는 말이기도 하다. 생명을 포함한 이 모든 것을 우주라고 할 수 있다. 현문은 자연의 질서이고 도(道)이지만, 좀처럼 인식하기 어려운 어둠 속에 감춰져 있다. 거뭇거뭇한 문인데, 다른 뜻으로는 골짜기 신(谷神)으로도 보고 현빈(玄牝)으로도 표현한다. '현빈지문(玄牝之門)'이 정확한 표현일 것이다. 텅 비어 있는 듯한 가뭇가뭇한 문에서 만물은 태어났다. '곡신불사(谷神不死)'라 하여 '계곡의 신은 결코 죽지 않는다'고 했다. 현묘한 암컷의 문, 이것을 하늘과 땅의 근본이라 한다. "이 작은 문(門) 하나"에서 우주 만물이 태어나는 초장에서 생명의 신비함을 드러낸다.

"돌도 달도 물도 꽃도 저를 툴툴 털어내"야 새로운 존재가 태어날 수 있다. 문고리를 흔드는 주체는 바람이 아니라 문이다. 문이 있으니 모든 일이 일어날 수 있는 것이다. 이 모든 것의 근원은 문이다. 문으로서 이 모든 존재는 증명되기 때문이다. 여기서 바람은 「흘러가는 그림자」의 그림자와 같은 맥락이다. 문이 없으면 바람도 없는 것처럼, 나무와 사람이 없었으면 그림자도 없다. 주체는 희미하게 움직이는 것은 형체 없는 바람이 아니라 문이라는 것을 증명하고 싶은 것이다. 문이 열려야 우주 만물이 탄생하는 것이므로.

4. 어둠으로부터의 시작

어디를 떠돌다가 들러붙은 혼령이냐

참나무 가지가지 효수되어 걸렸구나

겨울 산 저리 시퍼렇게 산발을 흔드는 너

난(蘭)이라 부르다가 충(虫)이라 부르다가

가던 길 머뭇대며 구름 한층 깊은데

물소리 저 혼자 클클 얼음장을 녹인다

덧없는 목숨들이 모여 맞는 저물녘

먼 절집 풍경 소리 어둠 몰아 번지는데

내 한철 꺾인 모가지 어디에다 걸어두나

고요히 흔들리는 겨우살이 뒤편으로

달달한 조명이다 봄소식 오고 있다

언 숲들 녹아내린다 안개 커튼 올라간다

—「커튼콜」 전문

연극이나 음악회 따위에서 막이 내린 뒤 관객들이 찬사의 표현으로 박수를 치면서 커튼 뒤로 들어간 배우들을 불러내는 행위인 커튼콜(curtain call)을 삶의 무대로 빗대고 있다. 주체는 떠나고 없는데 새가 지저귀고 봄바람이 불어오고 따뜻한 봄 햇살도 쏟아지면서 다시 불러내는 것 같다. 봄소식은 오지만 다시 돌아갈 수 있을지는 알 수 없다. 겨울에서 봄으로 넘어올 때 깨어나고 싹터 나오면 부활이고 재생이지만 깨어나지 못하면 그대로 소멸이다. 다시 건강하게 '살고 싶은 욕구'를 드러내기 위한 것은 아닐까? 인생이라는 연극이 끝나고 객석에서 박수를 쳐 준다는 것은 떠난 자의 삶에서 감동을 받았거나 본받고 싶은 여지가 있다는 의미일 것이다. 다시 태어날 수 있을 것이라는 기대 속에서 "언 숲들 녹아내"리고 "안개 커튼 올라가"는 상반된 이미지가 펼쳐진다.

녹슨 몸 쿨럭쿨럭 마지막 장 넘어간다 이 신발 거꾸로
신자 녹물 번진 댓글들
후회는 늘 마지막에 발목들을 잡는다

무슨 말 그리 많노 경계는 희망이다 서문을 쓰고 있는
어둠이 시작이라
솟구쳐 물을 들이자 다음 해는 당신 것

—「섣달그믐」 전문

인용 시의 배경에는 삶의 마지막 순간의 이미지가 드리워져 있다. 시인이 죽음 혹은 마지막 순간을 자꾸 이야기하는 것은 역설적이게도 살고 싶다는 강력한 의지가 있기 때문이다. 당연하게도 이번 생은 딱 한 번뿐이고 돌이켜 살 수 없어 더 소중하며 애착을 가질 수밖에 없다. 신발을 거꾸로 신는 행위에는 되돌아간다는 의미가 있다. 살아생전에 후회할 일 하지 말고 잘 살아야 한다는 이야기다. 묵은해에서 새해로 넘어가는 것은 경계를 넘어서서 새로운 세계로 넘어가는 것을 의미한다. 삶과 죽음 그리고 죽음과 삶의 경계를 넘어서는 것 또한 생명의 영속성을 얻기 위한 생명 변이(變移)인 것이다. 기존의 양식과 틀이 죽어야, 새로운 생명이 움틀 수 있다. 대나무가 매듭을 지어야 다음 줄기가 자라는 것처럼, 끝은 종말이 아니라 시작이 된다. 동양적 사고방식에 의하면 삶은 수레바퀴처럼 순환한다. 서양에서 이야기하는 선형적(線型的)인 시간관을 고수한다면 결국 모든 것은 종말을 맞는다는 개념으로 귀결될 수밖에 없지만, 동양에서는 늘 순환하고 반복하는 개념으로 시간을 이해한다. 그러나 이 순환이 궁극적인 우리의 모습이 아니며, 이 순환의 고리를 벗어나야 진정한 자유를 얻는다고 보고 있다. 그래서 "다음 해는 당신 것"이 된다.

「씨앗이」처럼, 씨앗이 땅에 파묻혀야 새로운 생명이 태어나기 때문에 존재는 젖어야 하고 슬퍼야 하고 아파야 하고 바람에 시달려야 한다. 그래야 새로운 생명을 피울 수 있다. "어디로 흘러가든 머물 곳 이미 없다"는 걸 아는 주체에게 "전설처럼 웃는 당신"은 슬픈 현실이다. "저물어야 환해지고 어두워야 나를 보"(「저무는 것들」)는 현상은 해가 뜨면 달과 별이 모습을 감추고, 해가 지면 달과 별이 모습을 드러내는 이치와 같다. 공존할 수 없고 양립할 수 없는 존재들의 슬픔이 우리를 살게 한다. 상대가 저물어야 내가 보이고 내가 저물어야 상대가 보인다.

5. 떠나요, 어디로든

시인은 「고희의 발바닥」에서 주체의 삶을 지탱해 온 갈라진 발바닥을 보여준다. 사람의 발은 육신을 짊어지고 있으므로 늘 지치고 피곤하다. 발바닥을 보면 당신의 삶이 얼마나 고단했는지 알 수 있다. 주체의 발은 "지도 되고 골골을 다 훑고 온 통증은 역사 되어 페이지 구석구석을 채우고 또 채운다"(「고희의 발바닥」), 모든 순간이 발바닥에 명예 훈장처럼 붙어 있다. "축축한 행주로도 못 닦아낸 얼룩무늬"(「상(床)」)가 새겨져 있다.

> 떠나요 어디로든 꿈을 몰고 떠나가요 바람은 철로 밖을
> 늘였다가 줄였다가 꽃향기 그득한 곳에 빠지기도 하자고요
>
> 어디쯤 터를 잡고 이름 털고 살아볼까 소금길 작은 길로
> 짠 바람 불어댈 때 아직은 멈출 수 없어 신발 벗어 털고 가요

있어요 가다 보면 발길이 멈추는 곳 주머니 이정표를 그
곳에 내려놔요 길길이 굽은 길 너머 달도 별도 띄워 봐요

—「그러자고요」 전문

서둘러 가지 말고 자연의 냄새도 맡으면서 좀 여유 있게 천천히 가자고 제안하는 듯한, 어쩌면 시인이 추구하고 지향하는 삶이며 독자를 향한 전언이 아닐까? 주체는 "꽃향기 그득한 곳에 빠지기도 하"고, "신발 벗어 털고 가"기도 하고, "달도 별도 띄워" 보라고 권유한다. 여기서 신발을 벗는 행위에는 맨몸으로 천천히 자연을 느껴보라는 뜻이 있다. 자연과 교감하며 소통하면서 가되, "발길이 멈추는 곳"에 "주머니 속 이정표를" 내려놓아야 한다. 잠시 갈 곳을 잊고 달도 보고 별도 보면서 쉬었다 가야 '나'를 만날 수 있다. 목적만을 좇아 삶을 살다 보면 정작 소중한 삶의 가치를 놓쳐버린다는 점을 기억해야 한다. 「그러자고요」는 자기 자신뿐만 아니라 다른 사람에게도 권유하는 표현이다. 길(철로)은 삶을 최대한 만끽하기 위해 펼쳐놓은 공간이다. "떠나요 어디로든 꿈을 몰고 떠나가요"에서 "어디쯤 터를 잡고 이름 털고 살아볼까"로, 그리고 "있어요 가다 보면 발길이 멈추는 곳"으로 흘러가는 독백에는 특별한 이정표 없이 어떤 소속에도 얽매이지 않고 자유로워지라는 의미가 있다.

'지금 여기'의 소중함을 환기하기 위해 권애숙은 '첫'과 '마지

막' 순간에 좀 더 집착하고, '이정표'에 유독 관심을 두었는지 모른다. 삶에 대한 애착과 그 유일함에 대한 무한한 가치와 의미를 되새기기 위한 시인의 전략이 철학적 사유와 만나는 지점에서 그의 시는 반짝인다. "저물고 있는//처연한//저 몸 한 채"(「어르신 계절」)가 생의 마지막 문 앞에서 머뭇거리는 모습을 지켜보면서도, "떠나고 없는 자리 또 다른 세상"(「유민의 노을」)이 열린다는 것을 아는 시인이기에 "발자국 캄캄해도/여기엔 너 저기엔 나"(「각, 새봄」) 있다는 깨달음을 품을 수 있다. "다음 해는 당신 것"(「섣달그믐」)이라는 확신으로 권애숙 시인의 시는 더 아프고 슬프고 아름다울 수 있는 것이다.

시인동네 시인선 204

첫눈이라는 아해

ⓒ 권애숙

초판 1쇄 인쇄 2023년 5월 8일
초판 1쇄 발행 2023년 5월 15일

지은이 권애숙
펴낸이 김석봉
디자인 헤이존
펴낸곳 문학의전당
출판등록 제448-251002012000043호
주소 충북 단양군 적성면 도곡파랑로 178
전화 043-421-1977
전자우편 sbpoem@naver.com

ISBN 979-11-5896-593-8 03810

*이 시집은 2023년 부산광역시, 부산문화재단 '부산문화예술지원사업'의 지원을 받아 제작되었습니다.